나라 독립과 여성 교육을 이끈 차미리사

초판 1쇄 발행 2025년 11월 20일

글 이여니　　**그림** 이주미　　**감수** 한상권
펴낸이 정혜숙　　**펴낸곳** 마음이음

책임편집 이금정　　**디자인** 김세라
등록 2016년 4월 5일(2018-000037호)
주소 03925 서울시 마포구 월드컵북로 402, 9층 917A호(상암동 KGIT센터)
전화 070-7570-8869　　**전자우편** ieum2016@hanmail.net　　**팩스** 0505-333-8869
블로그 https://blog.naver.com/ieum2018　　**인스타그램** @mindbridge_publisher

ISBN 979-11-94494-25-6　73990

ⓒ 이여니, 이주미 2025
＊이 책의 내용은 저작권법의 보호를 받는 저작물이므로 무단전재와 복제를 금합니다.

어린이제품안전특별법에 의한 제품표시
제조자명 마음이음　　**제조국명** 대한민국　　**사용연령** 9세 이상 어린이 제품
KC마크는 이 제품이 공통안전기준에 적합하였음을 의미합니다.

나라 독립과 여성 교육을 이끈

차미리사

이여니 글 | 이주미 그림 | 한상권 감수

마음이음

차례

프롤로그 • 9

다시 태어난 섭섭이 • 12

꺾이지 않는 열정 • 29

전국을 누비는 만 리 대장정 • 50

근화여학교에 피어난 무궁화 • 73

들꽃처럼 강인한 이름 • 83

에필로그 • 96

사진으로 보는 차미리사 • 98

더 알아봐요 • 100

작가의 말 • 108

프롤로그

　단발머리를 나풀거리며 소희가 율곡로 3길을 뛰어갔어. 엄마가 졸업한 학교를 찾아가는 길이었거든. 돌담으로 이어진 길은 소희 마음에 쏙 들었어. 앞서 걷던 선영 씨가 뒤돌아 소희에게 손짓했어.
　"바로 여기야."
　선영 씨가 길 한가운데 서서 좌우를 바라봤어. 덕성여자중학교와 덕성여자고등학교가 사이좋게 바라보고 있었지.
　"우아! 진짜 크다."
　소희의 동그란 눈이 더 동그래졌어. 학교를 눈에 담던 소희가 갑자기 선영 씨 손을 잡아끌었어. 소희의 작고 하얀 손가락이 학교 옆에 있는 표지판을 가리켰어.

"엄마, 뭐라고 적혀 있어요?"

이제 막 한글을 배우기 시작한 소희의 눈이 호기심으로 반짝였어.

"'여성 독립운동가의 길'이라고 쓰여 있지."

"'여성 독립운동가의 길'이요?"

소희는 고개를 갸우뚱거렸어.

"엄마가 졸업한 학교를 만드신 분도 이 길을 매일 걸었대."

"학교를 만든 분이 누군데요?"

"차미리사."

"차미리사? 차미리사, 차미리사……."

소희는 입안에서 이름을 굴리고 또 굴렸어. 선영 씨는 소희에게 차미리사에 대해 알려 줘야겠다고 생각했어. 독립운동가이자 교육 운동가였고, 여성 운동에 앞장선 차미리사의 삶에 관해 말이지.

"우리, '여성 독립운동가의 길'을 함께 걸어 볼까?"

"그 길은 어디에 있어요?"

소희가 주위를 두리번거렸어.

"소희랑 엄마가 서 있는 바로 여기에 있지."

놀란 소희가 바닥을 내려다봤어. 그런 소희가 귀여워 소영 씨는 미소를 지었어.

"서울공예박물관부터 정독도서관까지 이어진 길이 '여성 독립운동가의 길'이야. 이 길을 걸으면서 차미리사 이야기를 들려줄게."

"좋아요!"

선영 씨와 소희는 손을 잡고 '여성 독립운동가의 길'로 한 걸음씩 발걸음을 옮겼어.

다시 태어난 섭섭이

배를 타려는 사람들로 항구는 북적였어. 그 속에 발걸음을 서두르는 한 사람이 있었어. 치렁치렁한 쓰개치마를 뒤집어쓴 여인이었지. 하지만 흔들림 없는 눈빛과 앙다문 입술, 단호한 표정은 쓰개치마로도 가려지지 않았어.

그 여인은 사람들로 북적이는 배를 지나쳐 화물선

'한성호' 앞에 섰어. 쓰개치마를 꽉 잡고 있던 여인은 손가락을 하나둘 풀었어. 그리고 몸을 덮은 쓰개치마를 벗어던졌지.

번데기에서 나온 나비의 날갯짓처럼 쓰개치마가 바람에 펄럭였어. 비릿한 바닷바람이 머리카락을 어루만졌고, 5월의 햇살이 여인의 얼굴로 한없이 쏟아졌어. 이 여인의 이름은 김미리사야.

뿌우 뿌뿌!

인천에서 상해로 떠나는 한성호가 힘찬 뱃고동을 울렸어.

철썩, 촤아아아.

미리사는 배의 제일 아래층에 자리를 잡았어. 뱃삯 8원이 없어 석탄을 실은 층에 탈 수밖에 없었지. 보이는 것이라고는 새까만 석탄뿐이었어.

거친 파도에 속은 울렁거렸고, 좁은 자리 탓에 온

짝달싹할 수 없었어. 하지만 미리사의 가슴은 뛰었어. 눈앞에 펼쳐질 일들에 대한 설렘이 더 컸기 때문이야. 무릎 사이에 얼굴을 묻은 미리사는 생각에 잠겼어. 그러다 까무룩 잠이 들었어.

"섭섭아!"

아버지는 미리사가 태어나자 '섭섭이'라고 불렀어. 대를 이을 아들을 원했지만 딸이 태어나 섭섭하다는 뜻을 담아 그렇게 불렀지.

미리사가 태어난 1879년 당시에는 아들과 딸의 차이가 하늘과 땅만큼 컸어. 아들은 태어나는 순간부터 귀하게 여겼고, 딸은 쓸모없는 존재로 업신여겼어. 당연히 딸은 교육도 못 받고 집안의 크고 작은 일에 참여할 수도 없었어.

'삼종지도(三從之道)'라 하여 어려서는 아버지를, 결

혼해서는 남편을, 남편이 죽은 후에는 아들을 따르는 것이 여자의 도리였지. 여자에게는 복종과 순종만이 중요한 미덕이었어. 여자는 이름도 없이 누군가의 딸, 누군가의 아내, 누군가의 어머니로 불릴 뿐이었지.

그렇지만 미리사의 부모님은 외동인 섭섭이를 애지중지 키웠어. 아버지는 섭섭이가 외동이라 형제자매가 있는 집을 부러워하고, 남에게 의지하는 것을 안타까워했어.

"섭섭아, 누구에게도 의지하지 말고 스스로 독립하여 살아야 한다."

섭섭이는 아버지의 말씀이 무슨 뜻인지 헤아릴 수 없었어.

열일곱이 되던 해에 섭섭이는 결혼을 했어. 예쁜 딸을 낳고 평범한 삶을 살았지. 어둠의 그림자가 서서히 찾아오고 있었지만 알지 못했어.

그러던 어느 날, 남편은 갑자기 큰 병을 얻었어. 시름시름 앓던 남편은 섭섭이가 열아홉이 되던 해에 눈을 감고 말았어.

과부가 된 섭섭이는 어쩔 수 없이 어린 딸을 데리고 친정 어머니를 찾아갔어.

"어머니, 저는 앞으로 어떻게 살아요. 흑흑."

섭섭이처럼 남편을 여의고 혼자 지내던 어머니는 딸이 가여워 억장이 무너지는 것 같았지. 하지만 눈물을 감추고 섭섭이를 따뜻하게 안아 주며 토닥였어.

"괜찮아. 걱정하지 마라."

섭섭이는 모든 것이 두려웠어. 남편 없이 살아갈 일이 막막했거든. 혼자 힘으로 할 수 있는 것이 아무것도 없었기에 더욱 그러했지.

섭섭이가 살던 1800년대 말에는 엄연히 신분제가 존재했어. 특히나 여자는 멸시와 홀대를 받던 시대였어.

과부가 다른 사람을 만나 새로 결혼할 수도 없었고, 한다 해도 사람들의 따가운 눈총과 손가락질을 받아야 했어. 가족들마저도 집안의 수치라고 생각하던 시대였지.

섭섭이는 그저 어린 딸을 안고 하염없이 눈물을 흘리는 날이 많았어. 얼굴에 웃음기라고는 찾아볼 수 없었지. 열아홉의 섭섭이에게는 시련을 이겨 낼 힘이 없었어.

하루는 고모가 섭섭이와 어머니를 찾아왔어. 고모 또한 섭섭이와 같은 처지였기에 누구보다 섭섭이의 아픔을 알고 있었어. 고모는 섭섭이의 손을 잡고 눈물을 글썽였어. 그리고는 진심을 담아 교회에 나가기를 권했어.

"한 번만 나가 봐. 세상이 다르게 보일 거야."

고민하던 섭섭이와 어머니는 고모를 따라 교회에

나가게 되었어. 그곳이 상동교회였어.

섭섭이는 교회를 다니면서 새로운 세상에 눈을 떴어. 모든 사람은 평등하고, 여자도 귀하다라는 기독교의 가르침은 섭섭이의 마음을 단번에 사로잡았어. 무엇보다 헤어 나오지 못할 것 같았던 슬픔에서 빠져나올 수 있었지.

상동교회에는 젊은 청년들로 구성된 상동청년회가 있었어. 상동청년회는 잃어버린 국권을 찾고자 활발한 활동을 하고 있었어.

그러던 어느 날이었어. 상동청년회에서 섭섭이를 찾아왔어.

"아이들한테 한글을 가르쳐 보실래요?"

뜻밖의 제안에 섭섭이는 어리둥절했어. 누군가를 가르친다는 것은 한 번도 생각해 본 적이 없었거든. 망설이던 섭섭이는 고개를 끄덕였어. 그렇게 교육

자로서의 첫걸음을 떼었어.

"자, 같이 읽어 보자. 나무!"

"나무!"

"더 크게."

그즈음 섭섭이는 스크랜턴 선교사에게서 '미리사'라는 세례명을 받았어. 스크랜턴 선교사는 한국에 온 의료 선교사로 상동교회의 설립자였지.

섭섭이는 그동안 불렸던 이름을 버리고 미리사로 새로 태어났어. 그 이후로 남편 성을 따라 김미리사로 불렸어.

김미리사의 마음은 어느새 바위처럼 단단해졌어. 남에게 의지하지 말고 독립적으로 살라는 아버지의 말씀처럼 혼자 힘으로 살아갈 수 있는 자신감을 얻게 되었지. 그러면서 예전에는 보이지 않던 것들이 보이기 시작했어. 남녀가 평등하다는 기독교의 가르침과 달리 조선 여성이 얼마나 비참하게 살아가는지 알게 되었어. 조선 여성의 삶이나 흔들리는 나라의 처지가 다를 게 없다는 생각이 들었지.

미리사는 조선 여성의 삶을 변화시키고 싶었어. 그러려면 무엇보다 자신부터 배우고 깨우쳐야 했어. 가난한 과부인 미리사는 유학은 꿈도 못 꿨어. 그저 마음만 복잡할 뿐이었지.

어느 날, 조신성이 미리사를 찾아왔어. 미리사보다 여섯 살 많은 조신성은 미리사처럼 남편을 잃고 힘든 시절을 보냈어. 그러나 보란 듯이 어려움을 이겨 내고 이화학당을 다녔지. 미리사에게 조신성은 좋은 본보기였어.

"미리사, 미국으로 유학을 가면 어떨까?"

"미국이요?"

뜻밖의 제안에 미리사는 당황했어. 하지만 가슴은

쿵쾅거렸어. 선교사에게 들은 미국 사회는 충격적이고 놀라웠거든. 특히 여성이 사회 활동을 한다는 사실은 믿기지 않았지. 새롭고 넓은 세상으로 나아가 배우고 싶은 바람이 꿈틀거렸어.

사회도 변하고 있었어. 아직 한복을 입고 쓰개치마를 쓰고 다니는 여성이 대부분이었지만 단발머리에 양장을 입은 여성도 있었어. 그들은 외국에서 공부하고 온 신여성이었어.

남성이 우선시되는 가부장적인 현실에 반대 목소리를 내는 사람도 그들, 신여성이었어. 그들은 여성을 차별하는 낡은 관습에서 벗어나 당당한 한 사람으로서 살아갈 필요가 있음을 강조했어.

때마침 한국 최초의 여의사, 박에스더의 귀국 소식이 전해졌어. 박에스더는 가난한 집안의 딸로 태어나 선교사의 도움으로 유학을 떠났어. 박에스더가

미국에 머물지 않고 조국으로 돌아온다는 소식에 미리사는 머리를 세게 맞은 기분이었어. 조선 시대 여성들은 남자 의사에게 몸을 보일 수 없어 아파도 치료를 받지 못했거든. 박에스더의 행동에 미리사는 복잡했던 마음이 일순간 정리되었지.

"그래. 유학을 떠나자!"

굳게 마음을 먹은 그날부터 일은 척척 진행되었어. 뜻이 있는 곳에 길이 있다고 했던가? 선교사 헐버트의 도움으로 미리사는 중국으로 유학을 떠나게 되었지. 헐버트는 미국인 선교사이자 독립운동가야.

떠나기 전날 미리사는 밤새 뒤척였어. 어린 딸과 늙은 어머니를 두고 떠날 생각에 잠을 이룰 수 없었지. 깊은 한숨이 바닥으로 떨어졌어. 조신성이 어린 딸과 어머니를 돌봐 주기로 했지만 무거운 마음을 떨쳐 낼 수 없었어.

사람들은 미리사를 지독한 어미라며 손가락질했지. 하지만 미리사는 딸을 키우며 어머니를 봉양하는 삶에 머물고 싶지 않았어. 훌륭한 선교사가 되어 나라를 위해 일하고 싶었거든.

뿌우 뿌뿌 뿌웅!
화들짝 놀란 미리사가 눈을 떴어. 미리사는 주먹을 꽉 쥐고 많은 것을 배워 반드시 조국으로 다시 돌아가리라 다짐했어.
상해에서의 고된 삶이 미리사를 기다리고 있었어.

꺾이지 않는 열정

상해에 도착한 미리사는 중서서원을 찾아갔어. 중서서원은 앞으로 미리사가 다닐 학교였어.

소개장을 읽고 난 후 파커 원장은 미리사에게 영어로 물었어.

"영어를 할 줄 아나요? 중국어는요?"

미리사는 파커 원장의 말을 못 알아들었지만 눈치

로 알아챘어. 그래서 손짓으로 모른다고 했지.

파커 원장은 고개를 절레절레 저었어.

"영어나 중국어 중 하나는 해야 수업을 들을 텐데 어쩐담."

파커 원장이 난감해하는 걸 알아챈 미리사는 당황스러웠어. 다행히 파커 원장의 부인이 미리사의 딱한 사정을 알고 도움의 손길을 내밀었어.

"이 먼 곳까지 왔는데 그냥 돌아갈 수는 없죠."

그렇게 해서 5개월간의 입학 교육을 받은 미리사는 버지니아여학교에 입학했어.

그러나 입학했다고 끝난 것이 아니었어. 영어와 중국어를 모르는 상태에서 수업을 듣는 것은 어렵고 힘든 일이었어. 눈치가 빠른 미리사라도 스트레스가 이만저만이 아니었지. 거기에 넉넉하지 못한 생활비와 학비까지 벌어야 해서 하루도 쉴 수 없었어.

미리사의 건강은 점점 나빠졌어. 그렇다고 포기할 미리사가 아니었어. 외로움과 두려움이 몰려올수록 밤을 지새우며 학업에 열중했어. 지칠 대로 지친 미리사는 걸어 다니는 것이 신기할 정도였어. 결국 미리사는 쓰러지고 말았어.

몇 날 며칠을 미리사는 깨어나지 못했지.

"김미리사, 정신 차려요!"

누군가 부르는 소리에 미리사는 눈을 떴어. 미리사의 눈에는 돌아가신 아버지가 보였어.

"아버지. 아버지……."

미리사는 손을 뻗었다가 다시 까무러쳤어. 죽을 고비를 넘기며 병과 싸우던 미리사가 일어난 것은 여러 달 후였어.

"김미리사, 괜찮아요? 얼굴이 반쪽이 되었어요."

걱정스러운 얼굴로 안부를 묻는 친구에게 미리사

는 다시 물었어.

"뭐라고 했어요?"

친구는 다시 또박또박 말해 줬어. 그런데 미리사의 귀에는 아득히 멀게만 들렸어. 미리사는 뭔가 이상함을 느꼈어.

"귀, 귀가 이상해요."

미리사의 눈동자에 두려움이 어른거렸어.

뇌막염(뇌를 감싸는 막에 염증이 생기는 병)을 앓고 난 후 미리사는 청각 장애가 생겨 보청기를 껴야 했지. 병이 낳은 후에도 후유증은 계속 미리사를 힘들게 했어. 몸이 아프거나 생각이 많은 날에는 두통이

생겼고, 귀가 더 들리지 않아 괴로웠어.

　힘들었던 4년간의 중국 유학을 마친 미리사는 미국 유학길에 올랐어. 더 큰 세상을 찾아 망설임 없이 나아갔어. 하지만 편안하게 공부만 할 수 있는 상황이 아니었어.

　1905년, 일본은 을사늑약을 강제로 맺고 대한 제국의 외교권을 빼앗아 갔어. 바람 앞에 있는 촛불처럼 나라의 운명이 위태로웠지.

미리사는 캘리포니아주에 있는 도시, 패서디나에 자리를 잡았어. 그곳의 그린호텔에서 객실을 청소하는 일을 했지. 고된 일이었지만 시간이 날 때면 어김없이 책을 펼쳐 들었어.

"김미리사, 객실 청소를 서둘러 줘요."

"네."

침대를 정리하던 미리사의 손이 빨라졌어.

그린호텔에는 한국 사람들이 스무 명 정도 함께 일

했어. 하루는 패서디나에 머무는 한국 사람들이 다 같이 모인 적이 있었어. 그날의 만남은 미리사로 하여금 공부보다 조국의 독립이 먼저라는 생각을 가지게 했어.

"지금 우리나라는 위태로워요. 비록 우리는 조국을 떠나 먼 곳에 있지만 그렇다고 가만히 있을 순 없지 않겠소."

장경이 말했어. 그의 눈빛에서 간절함이 느껴졌지. 장경은 샌프란스시코에서 인삼을 팔며 생계를 유지하는 한편 독립 자금을 마련했어. 또한 샌프란스시코에서 최초로 한인 친목회를 만들었어. 친목회를 통해 낯선 외국에서의 어려움과 외로움을 함께 나누길 바랐지.

"맞아요. 우리도 나라를 위해 뭐라도 해야지요."

미리사도 말을 보탰어.

모인 사람들은 모두 한마음 한뜻이었어. 그렇게 해서 '대동교육회'가 만들어졌어. 대동교육회의 '대동'은 청나라 말기의 정치가이자 사상가인 캉유웨이의 대동사상에서 따왔어. 권력을 한 사람이 가지지 않고, 모든 사람이 평등하며 차별이 없고, 사람마다 재능을 충분히 발휘할 수 있는 세상을 만들고 싶은 바람이 들어 있었지.

미리사를 포함하여 서택원, 방사겸, 장경 등 10명이 창립 구성원으로 함께했어. 미리사의 첫 민족주의 운동이었어.

"우리 대동교육회는 교육을 통해 인재를 길러 내어 조국의 독립을 꾀하고자 합니다."

대동교육회는 활발히 움직였어. 책을 내고, 신문을 번역하여 나눠 줬어. 또한 소식통이 되어 고국의 소식을 전했지.

대동교육회가 확대되어 만들어진 '대동보국회'에서도 미리사는 중요한 역할을 했어. 바로 「대동공보」의 편집과 발간을 책임지는 일이었어.

1907년, 「대동공보」에 미리사의 글이 실렸어.

> 동포여 동포여, 내가 참으로 고하노니,
> 나라를 위하여 피를 흘리는 것은
> 백성된 의무요, 동포를 위하여
> 피를 흘리는 것은 사람의 직책이다.
> 우리의 직책을 다하여
> 세상의 빛이 되고 나라의 꽃이 되옵시다.
>
> 대동공보

 조국이 처한 현실과 미래를 걱정했던 미리사의 마음이 절절하게 담겨 있었어.

 그 무렵 미리사는 로스앤젤레스에 가게 되었어. 그곳 한인 전도관에서는 한인 노동자들을 위해 일자리와 쉴 곳을 알아봐 주고 있었거든. 미리사는 자기가 할 일이 무엇인지 단박에 알아봤어. 그리고 고민 없이 샌프란시스코로 날아갔어.

당시 하와이의 사탕수수 농장에서 일하던 한인 노동자들은 핍박에 시달렸어. 핍박을 벗어날 방법은 본토로 이주하는 것이었지. 본토에서는 사탕수수 농장에서 받는 월급보다 더 많은 돈을 벌 수 있었어. 하지만 무작정 샌프란시스코로 오는 한인 노동자는 우왕좌왕했어. 이런 노동자들을 위해 대동보국회와 공립협회가 발 벗고 나섰어. 미리사는 샌프란시스코 선착장에서 한인 노동자들을 맞이했어.

까만 얼굴에 눈이 퀭한 노동자가 미리사의 손을 덥석 잡았어.

"어디로 가야 할지 모르겠어요."

미리사는 노동자의 손등을 토닥이며 쪽지를 건넸

어. 쪽지에는 기차역의 이름이 쓰여 있었어. 노동자는 의아해서 미리사를 빤히 쳐다봤지.

"그곳에 내리면 동포가 운영하는 농장이 있어요."

노동자는 그제야 안도의 한숨을 내쉬었어.

특히 미리사는 여성을 교육시키고 사회 참여를 독려하는 활동을 활발히 했어. 아이들을 위해서는 한글과 영어를 가르치며 이주 노동자를 도왔어.

1908년, 어느덧 미리사의 나이 서른이 되었어. 그즈음 샌프란시스코에는 미국 정부의 정책으로 하와이에서 오는 노동자의 수가 급격히 줄었어. 도시에 있던 한인들도 도시보다는 익숙한 농촌으로 떠나는 일이 빈번했지. 샌프란시스코에 남은 한인들의 마음은 뒤숭숭했어. 그때 미리사가 나섰어.

"우리끼리라도 힘을 합치고 서로 도우며 살아요."

그날 밤, 미스 레이크의 집에는 사람들로 복작거렸

어. 선교사였던 미스 레이크가 미리사의 뜻을 알고 도움의 손길을 내밀었던 거야.

"하나, 둘, 셋."

미스 레이크가 오르간을 치며 신호를 보내자 아이들은 오르간 소리에 맞춰 노래를 불렀지.

잠시 후, 미리사가 미소를 지으며 입을 열었어.

"최초의 재미 한인 여성 단체인 '한국부인회'는 사회를 위해 봉사하고, 나라의 국권을 회복하는 일에 앞장설 것이며, 더불어 우리 자녀들의 교육에 힘을 쏟을 것입니다."

미리사의 말이 끝나자 모두 고개를 끄덕였어. 이로써 미리사는 한국부인회의 회장으로서 첫발을 내디뎠어.

한국부인회는 활발히 움직였어. 그중에서도 고국에 고아원을 설립하는 일에 발 벗고 나섰어. 이제 미국 한인 사회에서 미리사를 모르는 사람은 없었어. 당당한 여성 리더로서 가장 주목받는 여성이 되어 있었던 거야.

　미리사는 그동안 미뤄 두었던 공부를 하기 위해 미주리주 캔자스시에 있는 스캐리트신학교에 입학했어. 미국에 온 지 5년 만이었지.

　졸업을 앞두고 교수는 미리사에게 물었어.

"미리사, 졸업한 후에 미국에 머물 건가요?"

미리사는 망설임 없이 대답했어.

"빨리 고국으로 돌아가고 싶어요. 내가 배운 것을 동포들과 아낌없이 나누고 싶거든요."

앉으나 서나 미리사는 오직 고국 생각뿐이었어.

마침내 미리사는 1912년 7월, 스캐리트신학교를 졸업했어. 한국인으로서 처음 있는 일이었어.

전국을 누비는 만 리 대장정

 어머니와 딸을 두고 중국으로 떠난 지 11년 만에 미리사는 조국 땅을 밟았어. 미리사의 나이 서른넷이었어. 미리사는 숨을 깊게 들이마셨다가 내뱉었어.
 "하아."
 그리웠던 조국의 냄새였지. 순간 돌아가신 노모의 얼굴과 어린 딸의 얼굴이 아른거렸어. 딸은 지금쯤

어디에 있을까? 살아는 있을까? 미리사는 딸을 생각하니 가슴이 아리고 목이 메었어. 미리사는 슬픔을 누르려고 입술을 깨물었어.

미리사는 챙 넓은 모자를 고쳐 쓰고 옷매무새를 다듬었어. 언제나 그랬던 것처럼 어깨를 펴고, 고개를 들어 당당하게 앞을 보며 발걸음을 옮겼어. 사람들은 신여성의 옷차림에 검정 구두까지 신은 미리사를 신기한 듯 쳐다보았어.

또각또각.

구두의 경쾌한 소리가 미리사가 조국에 돌아왔음을 알려 줬어.

미리사는 배화학당에서 성경과 영어를 가르치는 동시에 기숙사 사감까지 맡게 되었어. 배화학당은 서양 선교사들이 중심이 되어 운영하는 곳이었어. 그래서 서양의 생활 방식을 많이 따랐지. 하지만 미리사

의 생각은 달랐어.

"기숙사에 침대보다는 온돌이 좋겠어요."

"미리사, 온돌은 불편해요. 침대가 편해요."

선교사는 고개를 저었어.

"우리 아이들이 학교를 졸업한 후 결혼하면 온돌 생활을 할 거예요. 이곳에서 침대 생활을 하면 나중에 아이들이 온돌에 적응하기 힘들어요."

이처럼 미리사는 조선의 생활에 맞는 방식을 선택했어. 하지만 그렇다고 해서 무조건 조선의 생활에 순응하라는 뜻은 아니었어.

"나 자신의 주인은 '나'라는 걸 잊지 마. 우리의 힘든 현실은 우리 스스로 바꿔 나가야 해."

미리사는 학생들에게 귀에 딱지가 앉도록 말했어. 그리고 무엇보다 나라를 사랑하는 마음을 심어 주려고 노력했어.

"미리사 선생님, 이게 다 뭐예요?"

아이들은 우리나라 지도 위에 무궁화를 수놓는 미리사를 보며 호기심 어린 눈으로 물었어.

"우리나라 지도가 온통 무궁화로 뒤덮이도록 수를 놓을 거야."

한 땀 한 땀 수를 놓을 때마다 지도는 무궁화로 물들어 갔어.

"나라를 잃어 슬프고 서럽니?"

미리사의 한마디에 아이들은 서러운 일들이 떠올라 울먹였어.

"얘들아, 울지 마. 지금은 울기보다 독립을 위해 우리가 할 수 있는 일을 찾아야 해. 서럽고 비통한 마음은 가슴 깊은 곳에 묻어 두렴."

독립을 말하는 미리사의 눈빛이 뜨겁게 타올랐어. 아이들의 마음속에도 독립에 대한 뜨거운 바람이 휘몰아쳤어.

1919년 3월 1일, 방방곡곡에서 만세 운동이 들불처럼 일어났어. 일본의 강압적인 정책에 맞서 일어난 독립운동이었지.

"조선 독립 만세! 만세!"

"대한 독립 만세! 만세!"

너도나도 태극기를 들고 거리로 나와 만세를 크게 외쳤어. 어느새 거리는 태극기의 물결로 출렁였어.

삼일 운동을 계기로 미리사는 조선 여자들의 가능성을 보았어. 이들은 어렸을 때부터 여자라는 이유로 무시와 업신여김을 받았던 터라 차별을 당연하게 여기며 살았어.

미리사는 교육을 통해 그런 부당함을 깨고 싶었어. 그러려면 먼저 여성을 교육할 방법을 찾아야만 했어. 그 방법으로 야학을 생각해 낸 거야. 미리사는 거리로 나가 외쳤어.

"여자도 배워야 살아요. 쓰개치마를 벗고 야학에 나오세요!"

"뭐 하는 짓이야? 쯧쯧."

미리사를 보고 대놓고 혀를 차는 사람도 있었지. 여자들은 멀리서 힐끔거릴 뿐이었어. 그러나 미리사는 아랑곳하지 않고 외쳤어.

똑똑똑.

어느 저녁, 야학의 문을 두드리는 이들이 있었어.

"저기……."

댕기 머리를 늘어뜨린 여자아이가 수줍게 말을 걸었어. 그 뒤로 쪽 진 부인, 과부 등 열 명 남짓한 여자들이 미리사를 찾아왔어.

"더도 말고 덜도 말고 하루에 딱 한 자만 배우고 외워 봅시다."

미리사는 낮에는 배화학당의 사감으로, 밤에는 야

학의 선생님으로 쉴 틈 없이 움직였어.

  1920년 3월 1일, 어스름한 새벽이었어. 조용하고 신속하게 움직이는 발걸음들이 필운대로 향했어. 필운대는 배화학당의 뒷산에 있는 높다란 암벽이야. 그들은 필운대에 도착하자 가슴에서 태극기를 꺼냈어.
  "대한 독립 만세!"
  "조선 독립 만세!"
  힘찬 목소리가 조용한 새벽을 흔들어 깨웠어. 목소리의 주인공은 배화학당 학생들이었어.
  학생들은 만세 시위 사건으로 서대문형무소에 투옥되었어. 일본 경찰은 그 배후로 기숙사 사감인 미리사를 지목했지. 요주의 인물로 찍힌 미리사는 학교를 떠날 수밖에 없었어. 그렇다고 좌절할 미리사가 아니었어.

미리사는 오랜 시간 고민하고 생각해 놓은 계획이 있었어. 그것은 바로 억압받는 조선 여성들을 위한 교육이었어. 교육이야말로 무엇보다 시급한 일이라 여겼기 때문이야.

달빛이 창문으로 쏟아지는 어느 날 밤, 미리사와 뜻을 함께하는 사람들이 모였어.

"조선 여자들은 교육을 받을 기회조차 갖지 못해 배운 것이 없어요. 사람으로서 마땅히 가질 권리를 누리지 못한 채 집 안에만 있어야 하지요. 이제 집 밖으로 나와 당당하게 살아가도록 도와주고 싶어요. 여성 교육이야말로 국권을 회복하는 데 힘이 될 거예요."

모인 사람들은 고개를 끄덕였어. 그리하여 1920년에 삼일 운동 정신을 이어받아 '조선여자교육회'가 창설되었어.

조선여자교육회는 남자들이 주축이 되어 만든 조선교육회보다 4개월이나 앞서 만들어졌어. 당시 '여자가 뭘 할 수 있냐'는 사회 분위기를 넘어선 놀라운 일이었어.

여자가 단체를 만들고, 여자가 운영하는 것은 처음 있는 일이었지. 그 대상이 배움의 기회조차 주어지지 않는 부녀자들이라는 점도 특이했어. 조선여자교육회는 여자들이 만든 최초의 자발적이고 주체적인 단체였어.

조선여자교육회는 교육부, 강연부, 잡지부로 단체의 부서를 체계적으로 나누었어.

'강연부'는 한 달에 한 번씩 강연회를 열어서 여성이 변해야 하는 필요성을 알려 주었지. '잡지부'는 여성 계몽을 위한 잡지인 「여자시론」을 매달 발행하여 낡은 관습을 버리자고 외쳤어. '교육부'는 글을 모르

는 부녀자들을 위해 '부인 야학 강습소'를 열었어. 자기 스스로 편지 한 장은 쓰고 읽을 줄 알게 하자는 것이 목표였어.

1920년 4월 19일, 서울 도렴동의 한 지하실에서 부인 야학 강습소가 처음 문을 열었어. 처음에는 찾아오는 이가 적었어. 열 명이 될까 말까였지. 하지만 배우고자 하는 여성이 갈수록 늘어나면서 50명이 되고, 160명이 되었어.

과부가 된 여성, 낫 놓고 기역 자도 모르는 여성, 배움에 목말라하는 여성, 아는 것이 없어 집 안에서 설움과 고통을 당하던 여성들에게 부인 야학 강습소는 하늘에서 내려온 희망의 동아줄이었어.

미리사는 눈코 뜰 새 없이 바쁜 일 년을 보냈어. 그리고 조선여자교육회는 후원자의 도움으로 더 넓은 곳으로 이사할 수 있었지. 하지만 여전히 교실은 비

좁았고, 운영비는 턱없이 부족한 상황이었어. 미리사의 고민은 깊어 갔지.

그러던 어느 날, 미리사의 머릿속에 번뜩 떠오르는 생각이 있었어.

"전국 순회 강연을 하는 거야!"

전국의 여성에게 세상의 변화를 깨닫게 하는 동시에 강연을 통해 부족한 운영비를 모을 생각이었지.

사회 곳곳에는 아직도 삼일 운동의 열기가 그대로 남아 있었어. 사회 분위기도 예전과는 달라져서 강연과 토론이 빈번했어.

조선여자교육회에서 여는 강연에도 사람들의 발길이 끊이질 않았어. 여성 교육을 간절하게 원하는 사람이 많았던 거야.

1921년 7월 9일, 남대문 앞에 사람들이 웅성거렸

어. 신문 기자들은 사진을 찍느라 분주했어.

단장 미리사와 다섯 명의 단원들은 모두 한복을 입은 채였어. 신여성의 옷차림이 아닌 한복을 입은 것은 미리사의 판단이었어. 흰 저고리에 검정 치마를 입는 부녀자들과 거리감을 없애기 위해서였지.

"저희 전국 순회 강연단은 앞으로 전국 고을을 돌며 수많은 여성을 만날 겁니다."

순회 강연단은 남대문에서 출발하는 기차에 탔어. 기차는 빠른 속도로 개성을 향해 달렸어. 미리사가 첫 방문지로 개성을 선택한 이유는 교통이 편리하고 여성 교육이 활발해 여론이 퍼져 나가기 좋았기 때문이야. 미리사는 자신감이 샘솟았어.

기차에서 내리자마자 사람들은 순회 강연단의 뒤를 졸졸 따랐어.

"저 걸음걸이 좀 봐. 여자가 저렇게 당당하게 걷는

모습은 처음 봐."

"너무 멋있어!"

미리사를 비롯한 공연단의 거침없고 씩씩한 태도에 거리는 술렁였어.

"여자들이 강연을 한다고?"

"북부 예배당에서 한대. 가 보자."

강연은 정각 8시에 시작될 예정이었어. 미리사와 단원들은 강연 준비로 눈코 뜰 새 없이 바빴어.

"단장님, 어서 나와 보세요."

무슨 일이 생긴 줄 알고 미리사는 허겁지겁 밖으로 나갔어. 미리사와 단원들은 눈이 휘둥그레졌어. 유료 강연인데도 사람들이 강연장으로 물밀듯이 몰려들고 있었어.

부녀자들은 반지, 비녀 등 자기가 가지고 있는 것들을 강연비로 기꺼이 내놓았어. 어느새 2,000여 명의 청중이 강연장을 세 겹으로 둘러싸는 일이 벌어졌어.

첫 강연의 막이 올랐어. 단장 미리사와 단원들이 나오자 우렁찬 박수가 터져 나왔어. 곧이어 미리사가 유창하게 영어로 노래를 부르기 시작했어. 단원들도 한목소리로 따라 불렀어. 청중은 따라 부르지는 못했지만 같이 흥얼거렸지.

미리사의 강연에 이르자 강연장은 공기조차 움직

이지 않았어. 사람들의 눈이 미리사를 향했어. 미리사는 강연장을 휘둘러봤어. 미리사의 눈빛은 날카로우면서도 따뜻했지.

"전 조선 1천만 여성은 다 내게로 오라. 김미리사에게 오라! 남편에게 버림받은 여성, 과부가 된 여성, 남편에게 박해받는 여성, 천한 데서 사람대접 못 받는 여성, 못 배웠다고 무시당하는 여성, 다 내게로 오라. 내게 오면 어두운 눈 광명하게 보여 주마. 그저 고통받는 여성은 다 내게로 오라!"

박수갈채가 쏟아졌어. 미리사는 다시 말을 이었어.

"시간은 부강의 근원이며 문명의 원천입니다. 우리는 다듬이질, 바느질로 시간을 다 빼앗기고 있어요. 이제 옷에 물을 들여 입고, 다듬이질은 멈춰요. 시간을 정해 놓고 신문 한 장, 책 한 쪽이라도 읽어야 해요. 우리 여자도 남자와 똑같이 어깨동무하고 나갑시다!"

미리사의 강연은 강한 인상을 남겼어. 사람들의 마음을 단번에 사로잡았지. 미리사를 향한 박수는 끝날 줄 몰랐어.

강연회는 대성공이었어. 강연 수입금도 미리사가 예상했던 금액을 훨씬 넘었어.

순회 강연단은 개성을 시작으로 해주, 제주, 목포, 부산 등을 도는 일정을 소화했어. 어디를 가나 강연은 성황을 이루었지. 하지만 삼복더위에 단원들은 온

몸에 땀띠가 났어. 미리사도 목이 아프고 목소리가 잘 나오지 않았어.

"다들 목은 괜찮나요?"

미리사가 단원들이 걱정되어 물었어.

"저희는 하나도 힘들지 않아요. 단장님이야말로 좀 쉬세요."

단원들은 오히려 미리사를 걱정했어.

7월에 떠났던 순회 강연단은 84일 동안 67개 고을을 돌고 9월 29일에 서울로 돌아왔어. 단원들은 힘든 기색도 없이 환하게 웃었어. 저고리 옷고름에는 하얀 들국화를 꽂고 있었지.

기자가 미리사에게 물었어.

"순회 강연을 다녀오신 소감을 말씀해 주시죠."

"아주 성공적이었어요. 소감이라면 너무 많은 일이 있어 다 말할 수는 없을 거 같아요. 단지 이번 기회로 우리 조선 여성들이 사람답게 살아간다면 그것으로 저는 만족합니다."

신문들은 너나 할 거 없이 대서특필로 보도했어.

조선여자교육회의 전국 순회 강연을 통해 조선 여성들은 자기 자신에 대해 생각하기 시작했어. 누구의 딸, 누구의 아내, 누구의 엄마가 아니라 나로 살아가길 바랐어. 그러기 위해서는 배워야 한다는 것을 깨달았지.

신문을 통해 강연단의 소식을 접한 사람들은 깜짝 놀랐어. 강연장에 구름처럼 몰려든 여성들 때문이었어. 집 안에만 머물며 그림자처럼 살아가던 여성이 자발적으로 강연을 듣기 위해 나왔다는 것 자체가 큰 의미를 가졌어. 어느덧 변화의 바람이 불고 있었어.

근화여학교에 피어난 무궁화

　이제 미리사는 조선에서 모르는 사람이 없을 정도로 유명해졌어.

　1923년, 어느 날 미리사는 청진동의 한옥 앞에 섰어. 따사로운 햇살이 한옥을 포근하게 감싸고 있었지. 한눈에 보기에도 널찍한 것이 마음에 쏙 들었어.

　"앞으로 이곳에서 학생들을 가르칠 수 있다니 꿈

만 같아."

이곳은 전국 순회 강연을 다니며 모금한 돈으로 마련한 공간이었어.

문득 공부할 곳이 없어 방을 구하러 다니던 때가 떠올랐어. 어둡고 습한 지하 방은 그마나 다행이었어. 공부할 공간을 찾아 빗속을 헤치며 시내를 뛰어다니던 그날들은 아직도 생생했어.

그즈음 조선 총독부는 인가를 받지 않으면 조선여자교육회를 해산시키겠다고 미리사를 협박했어. 어쩔 수 없이 인가를 받고 조선여자교육회를 조선여자교육협회로 이름을 변경했어.

부인 야학 강습소의 이름을 짓는 것도 급한 일이었어. 이런저런 이름이 거론되었지만 마땅한 이름은 아니었어. 그때 미리사가 좋은 의견을 냈어.

"이화학당도 배화학당도 이름에 모두 꽃이 들어가

잖아요. 우리도 '꽃 화' 자를 붙이면 어떨까요?"

때마침 무궁화 이야기가 나왔고, 무궁화의 '근' 자를 붙여 '근화학원'이라 지었어.

"근화학원은 우리 민족의 피와 땀으로 만들어진 아주 자랑스러운 학교예요."

근화학원에 대한 미리사의 자부심은 대단했어.

근화학원은 2년 뒤 인가를 받고 근화여학교로 다시 태어났어. 비정규 교육 기관에서 정규 교육 기관이 되었지.

미리사는 학교에 필요한 운영 자금을 누구의 도움 없이 연극회, 음악회, 바자회 등을 통해서 스스로 마련했어. 그야말로 자립적이고 자생적인 교육 기관이었지.

미리사는 특히 연극회에 관심이 많았어.

"여학생들로 이루어진 연극단을 만들어 볼까요?"

"연극단을요?"

교사들이 깜짝 놀라며 눈을 동그랗게 떴어.

"연극단이 활성화되면 학교에 필요한 운영 기금도 확보하고, 사람들도 연극을 보면서 깨달음을 얻을 수 있지 않겠어요? 두 마리 토끼를 잡는 거죠."

미리사의 추진력은 아무도 말릴 수 없었어.

1923년, 근화여학교 재학생들로 이루어진 '근화학우회'가 만들어졌어. 연습에 연습을 거듭한 후, 같은 해 9월에 근화학우회가 여는 연극회가 막을 올렸어.

독창과 합창, 춤과 연극을 보기 위해 1,000여 명의 관객이 공연장을 채웠어. 공연은 대성공이었어. 미리사의 말처럼 두 마리 토끼를 잡을 수 있었지.

근화여학교는 연령에 제한을 두지 않았어. 스무 살이건 서른 살이건 공부하고 싶은 여성은 누구나 환영했어.

미리사는 교육의 참뜻은 인격을 쌓고, 개성을 발휘하는 것으로 생각했어. 그런 뜻을 담아 근화여학교의 교훈을 이렇게 정했어.

살되, 네 생명을 살아라
생각하되, 네 생각으로 하여라
알되, 네가 깨달아 알아라

미리사는 여성이 자기 힘으로 삶을 꾸려 나가길 바랐어. 그래서 공부도 공부지만 실생활에 필요한 교육이 이루어져야 한다고 생각했어.

근화여학교에는 음악과, 어학과 등이 있었어. 거기에 더해 사진과를 새로 만들었어. 사진과가 생긴 건 조선에서 처음 있는 일이었어.

조선의 유일한 여자 사진사 이홍경이 첫 수업을 하

던 날이었어. 미리사가 직접 이흥경을 맞이했어.

"선뜻 수업을 맡아 줘서 고맙습니다."

"별말씀을요. 불러 주셔서 감사합니다."

첫 수업을 지켜보던 미리사는 매우 흡족했어. 미리사의 예상이 적중했거든. 학생들은 사진 수업에 흥미를 느꼈어.

그럴 만도 한 것이 쉽게 배울 수 없는 귀한 수업이었고, 사진사는 돈을 많이 벌 수 있는 직업이기도 했어. 당시는 남녀의 내외가 심한 탓에 여자들은 사진

을 여자 사진사가 찍어 주기를 원했지.

 미리사는 여기서 그치지 않고 조선 여성의 재주를 살릴 방법을 늘 찾고 고민했어. 그 방편으로 재봉과 자수, 뜨개질 등을 가르치도록 전문가를 선생님으로 불렀어. 근화여학교의 학생들은 미리사 덕에 졸업 후 다양한 직업을 가질 수 있게 되었어.

들꽃처럼 강인한 이름

 미리사는 남편의 성인 김씨를 버리고 본래의 성인 차씨를 쓰기로 했어. 섭섭이에서 김미리사가 되었다가, 진짜 자기 성을 붙여 차미리사가 된 거지.
 미리사의 청력은 날이 갈수록 약해졌어. 거기에 비가 오거나 바람이 부는 날이면 어김없이 미리사를 괴롭히는 것이 있었어. 그건 바로 잃어버린 딸이었어.

딸을 생각하면 그리움은 날로 깊어지고 미안함은 마음의 병이 되었어.

1929년 11월, 전라남도 광주에서 광주 학생 독립운동이 일어났어. 이를 시작으로 삼일 운동 이후 최대 항일 민족 운동이 이듬해 3월까지 전국적으로 일

어났지. 광주 학생 독립운동에 공감한다는 뜻으로 동맹 휴교도 연속적으로 발생했어. 근화여학교 학생들이라고 가만있지 않았어.

"우리도 함께해요."

"광주 학생 독립운동을 지지합니다."

"저도요!"

1929년 12월 10일, 근화여학교 학생들도 시위에 참여했어. 숙명, 배재, 이화학교 등도 뒤를 이어 참여했지.

거리로 쏟아져 나온 학생들의 수는 어마어마했어. 일제는 경찰까지 동원하여 학생들을 검거했고, 그중 많은 학생이 구속되는 일이 발생했어.

1930년대 이후 일제는 일본과 조선은 한 몸이라는 뜻의 내선일체를 내세웠어. 조선인의 정신을 말살하고, 조선을 착취하기 위하여 만든 구호였지. 더불어 황국 신민 교육을 강조하고 또 강조했어. 여기서 황국 신민이란 자신을 희생하여 오로지 천황을 위해 웃으면서 죽을 수 있는 인간을 말하지.

그것뿐이 아니었어. 천황(일본의 시조신 아마테라스 오미카미와 메이지 천황)의 위패를 설치해 놓고 신사 참배를 강요했어. 천황이 있는 동쪽을 향해 절을 하는 궁성요배를 시키고, 학교 수업은 모두 일본어로 진행시켰지.

미리사는 일제의 탄압이 갈수록 심해지는 것을 걱정했어. 나날이 한숨이 깊어졌지.

"교장 선생님, 저기⋯⋯."

창밖을 보던 미리사는 불길함에 고개를 돌렸어. 교장실로 일제 경찰이 들이닥쳤던 거야.

"근화에서 '근' 자가 무엇을 뜻하는 거지?"

섬뜩한 눈빛이 미리사를 휘감았어.

"무궁화입니다."

일제 경찰의 입술이 일그러졌어.

"교가에도 무궁화, 교정에도 무궁화가 천지더군.

'근' 자가 아주 불온해. 당장 이름을 바꿔! 무궁화도 다 뽑아 버리고, 수업 시간에 무궁화는 입에도 올리지 마라. 알겠나?"

화가 치밀어 오르고 억울했지만 미리사는 어쩔 도리가 없었어. 오랫동안 정들었던 근화라는 이름을 '덕성'으로 바꾸었어.

하지만 일제의 탄압은 그치지 않았어. 이번에는 미리사를 가지고 트집을 잡았어.

"당신은 교장으로서 학생들을 교육하는 게 아니라 독립운동을 하는 것인가? 내 말이 틀렸나? 황국 신민 서사도 못 외우는 게 무슨 교장이야! 교장직에서 물러나지 않으면 학교 인가를 취소하겠다!"

미리사는 끝까지 버텼어.

"교장을 계속하려면 교육 이념부터 싹 바꿔야지. 그 이후엔 학생들에게 위대한 황국 신민 교육을 시켜야 할 거야."

계속되는 일제의 협박은 미리사를 지치게 했어.

어린 딸과 늙은 어머니를 남겨 둔 채 상해로 갔을 때도, 청력을 잃었을 때도, 교실을 구하려고 비를 맞으며 거리를 뛰어다녔을 때도 이렇게 비참하진 않았어. 앞으로 남은 생을 근화여학교와 함께하려던 미리사의 다짐은 모래성처럼 무너졌어.

미리사는 몇 날 며칠을 먹지도 않고 통곡했어. 몸은 쇠약해지고 마음은 갈기갈기 찢겨 나갔어.

"일제의 뜻을 받아들이고 교장을 하느니 차라리 그만두겠어."

미리사는 눈물을 머금고 교장직에서 물러났어. 일

제의 탄압에 의해 쫓겨난 거나 다름없었지. 그때 미리사의 나이는 예순둘이었어.

조선 총독부는 미리사를 쫓아내고 친일 활동을 하는 송금선을 교장 자리에 앉혔어.

1945년 8월 15일, 기다리고 기다리던 해방을 맞이했어. 해방과 동시에 한반도에는 소련과 미국의 군대가 들어왔어.

남과 북이 갈라지려는 불길함은 그때 나타났어. 미국과 소련은 한반도를 둘로 나누었어. 38도 선을 가운데 두고 소련은 북을, 미국은 남을 차지하고 점령군처럼 굴었어.

하지만 남과 북이 갈라진 상태의 해방은 미리사에게 의미가 없었어. 하나가 된 조국이 보고 싶었던 미리사는 조국의 분단을 막으려는 지식인들과 뜻을 함께했어.

1946년에는 신탁 통치를 반대하는 '반탁치여자대회'에 참여하여 신탁 통치 반대를 선언했어. 그뿐만이 아니었어. 1948년 4월에는 지식인 108명과 함께 성명을 발표했어. 성명서는 남한에서의 단독 선거를 앞두고 〈남북 협상을 성원함〉이었어.

남북한 총선거를 앞두고 북한과 소련이 반대하자 국제 연합은 남한이 먼저 선거하기를 바랐어. 그렇게 되면 남한의 단독 정부가 만들어지는 것과 동시에 북한 정부가 만들어지는 것은 불 보듯 뻔한 일이었어.

남과 북의 분단을 막기 위해 지식인들은 할 수 있는 모든 일을 했어. 그 가운데 미리사가 있었던 거야. 그때 미리사의 나이는 일흔이었어. 몸은 예전 같지 않았지만 나라를 사랑하는 마음은 그대로였어.

미리사는 죽음을 맞이하는 순간에도 남과 북이 나뉘지 않고 하나가 되기를 바랐어.

"내게는 한 가지 한이 있다. 조국의 온전한 독립을 못 보고 죽는 것이 바로 그것이다."

1955년 6월 1일, 미리사는 일흔일곱의 나이에 세상을 떠났어. 하나가 된 조국을 보지 못한 채…….

수많은 여성 운동가 중 차미리사처럼 오롯이 혼자 길을 개척한 사람은 없었어. 하나부터 열까지 자기 선택으로 자기 길을 개척하여 나아갔지.
차미리사는 사회 운동가이자 여성 운동가였어. 또한 교육 운동가이며 독립운동가였지.
미리사의 힘찬 목소리가 아직도 들리는 거 같아.

"조선의 딸들아!
나는 그대들이
바늘의 귀가 되어 주길 바란다.
크든 작든 모두 바늘귀 하나가 되어
세계 인류를 입혀 주길 바란다."

에필로그

 정독도서관의 돌계단에 선영 씨와 소희가 나란히 앉았어. 둘의 어깨에 햇살이 사뿐히 내려앉았지. 소희는 아까부터 궁금한 게 있었어.

 "엄마, 차미리사는 왜 학교를 만들었어요?"

 소희가 물었어.

 "그때는 글을 배우지 못한 여자들이 많았대. 그래서 여자들도 글을 배우고, 배운 것을 나누면 세상을 바꿀 수 있다고 생각했어."

 "나도 아직 글을 잘 모르는데."

 소희가 입을 삐죽 내밀었어.

 "차미리사는 소희처럼 호기심이 많아서 궁금한 것

들을 알아 가며 배운 것들을 모두에게 나누고 싶었대."

"나처럼요?"

소희가 자기 가슴을 손가락으로 톡톡 치며 말했어.

선영 씨가 고개를 끄덕였어.

골똘히 생각하던 소희는 선영 씨 손을 꼭 잡았어.

"엄마, 나도 차미리사처럼 되고 싶어요."

"소희야, 차미리사처럼이 아니라 소희 자신으로 살아야 해. 스스로 생각하고, 소희가 직접 깨달아야 하는 거야. 그게 가장 중요한 거란다."

선영 씨는 차미리사가 그랬던 것처럼 소희가 당당하게 살아가길 바랐어.

돌담길에서 시작된 걸음이 정독도서관에서 끝났지만, 선영 씨는 알았어. 이것은 끝이 아니라 시작이라는 걸. 또 다른 여성들의 길이 될 거라는 걸 말이지.

사진으로 보는 차미리사

「매일신보」 1921년 7월 9일 자.
음악단 3명과 연사 3명 등 총 6명으로 구성된 전국 순회 강연단의 모습.
왼쪽에서 3번째 분이 차미리사이다.

스캐리트신학교 재학 시절(1910~1912)의 차미리사. 차미리사를 '안국동 할머니'라고 부르던 최선학의 집(미국 샌프란시스코 거주)에서 재미 사학자 안형주가 발굴했다.

「조선일보」 1934년 2월 11일 자.
법인 인가된 근화여학교와 교장 차미리사

덕성여자대학교에 있는 차미리사 흉상

서울 종로구 안국동에 있는 공예박물관부터
정독도서관까지 440m 구간의 길.
법정 도로명은 '율곡로 3길'이나 2020년
10월 '여성독립운동가의 길'로 지정되었다.

'덕이 있는 아름다운 벗들이 모이는 곳'이라는
뜻을 가진 덕우당. 1930년에 종로구 관훈동에
건축되었다. 덕성여대가 쌍문동으로 이전할 때
함께 이전되었다가 2009년에 복원되었다.

고등학교 한국사 교과서에 실린 차미리사.
일제 강점기 때의 여성 운동과 신여성에 대한 내용에 소개되었다.
출처 : (좌)고등학교 한국사2(천재교과서), (우)고등학교 한국사2(동아출판)

 더 알아봐요

봉건적 관습과 편견을 깨고
여성 해방을 위해 교육 운동을 펼친
차미리사 (1879~1955)

차미리사는 1879년 8월 21일, 서울 마포구 아현동에서 태어났어요. 아들을 손꼽아 기다리던 부모님은 딸이 태어나자 섭섭했어요. 그래서 이름도 '섭섭이'라고 불렀지요.

조선에서 살아가는 여성의 삶은 험난하고 고달팠어요. 남자는 높고 귀하고, 여자는 낮고 천하게 여기는 남존여비 사상이 뿌리 깊게 자리 잡고 있었기 때문이에요.

차미리사 역시 다른 여성들과 다르지 않았어요. 이른 나이인 17세에 결혼했지만 3년 만에 과부가 되어 어린 딸과 함께 차가운 현실 앞에 놓였어요. 하지만 고모의 권유로 상동교회를 다니면서 새로운 삶을 살게 되었어요. 섭섭이 대신 '미리사'라는 세례명을 얻었고, 그곳에서 처음으로 아이들에게 한글을 가르치며 교육 활동도 시작했어요. 차미리사는 차츰 더 큰 세상으로 나아가 새로운 것을 배우고 싶은 열망을 가지게 되었어요.

1901년, 차미리사는 중국으로 꿈에 그리던 유학을 떠났어요. 상해에 있는 중서서원이라는 학교였어요. 그곳에서 4년간 영어, 중국어, 신학을 공부했어요. 선교사인 호머 헐버트 목사의 도움을 받아 떠난 유학이었지만 현실은 오롯이 차미리사의 몫이었어요. 힘든 유학 생활 중 얻게 된 열병은 청각 장애라는 큰 후유증을 남겼어요. 하지만 차미리사는 굴복하지 않았어요.

1905년, 중국 유학을 마친 차미리사는 미국 샌프란시스코로 건너가 8년간 머물렀어요. 미국에서 머무는 동안 동포들과 함께 '대동교육회'를 결성하였고, 1907년에는 하와이로 가서 사회봉사 활동을 했어요. 어려움을 겪는 한인 노동자들의 구직을 돕고, 교육하는 일이었어요.

1908년에는 '한국부인회'를 창립하여 샌프란시스코의 한인 가정을 하나로 묶는 역할을 했어요. 한국부인회는 고국에 고아원을 설립하는 운동을 적극적으로 펼쳤어요. 거기서 그치지 않고 「대동공보」의 편집과 발간을 맡아 글을 기고하기도 했지요. 어느덧 차미리사는 사회 운동가가 되어 있었어요.

"외국에 있는 것보다는 고국에 돌아가서 여러 동지들과 손을 잡고 사회 일도 하며 여성을 교육해 우리의 실력을 양성하는 것이 필요하다."

1912년 8월, 차미리사는 조국의 품으로 돌아왔어요. 귀국 후 배화학당에서 사감과 교사로 일하며 약 10년간 학생들에게 영어와 성경을 가르쳤어요. 차미리사는 수업 외에도 학생들에게 민족의식과 독립 정신을 끊임없이 불어넣었어요.

1919년에 삼일 운동이 있은 후, 차미리사는 조선 여성의 가능성을 보았어요. 그래서 그 이듬해인 1920년에 '조선여자교육회'를 설립하여 본격적인 여성 계몽 운동을 시작했지요. 동시에 부인 야학 강습소를 개설해 부인들이 교육을 받을 수 있도록 도왔어요. 이것은 조선 여성이 만든 자립적인 최초의 여성 교육 기관이었어요.

조선여자교육회는 전국 순회 강연단을 조직하여 전국을 돌아다니며 여성에게 세상의 변화를 깨닫게 해 주었어요. 부당한 낡은 관습과 생각을 깨뜨리고 남녀평등, 여성 교육, 여성을 구속하고 억압하는 것에서 벗어나자는 것이 주된 내용이었지요.

차미리사의 여성 교육은 학생이나 소수의 신여성을 위한 것이 아니었어요. 배움의 기회를 얻지 못한 평범한 부인들이 대부분이었어요.

1923년, 차미리사는 전국 순회 강연을 통해 모은 성금으로 부인 야학 강습소의 새로운 공간을 마련했어요. 이름

도 근화학원으로 변경하였어요. '근화'는 무궁화를 뜻했는데, 차미리사의 조국 사랑이 고스란히 담긴 이름이었어요.

1925년에 근화여학교로 정식 인가를 받았고, 1934년에는 근화여자실업학교로 개명했지요. 양복, 사진, 부기, 주산, 영어 작문 등 실용적인 교육을 하여 여성의 경제적 자립을 도왔어요.

하지만 일제의 탄압은 점점 거세졌어요. 이번에는 '근화'라는 명칭이 무궁화를 상징하는 것이 문제였어요. 그리하여 1938년 덕성여자실업학교로 개명하였어요. 조선총독부는 거기서 멈추지 않고 차미리사가 민족주의 사상을 품은 교육자인 것을 지속적으로 문제 삼았어요. 1940년, 결국 차미리사는 덕성여자실업학교 교장직에서 물러났어요.

해방 후에도 차미리사의 활동은 멈추지 않았어요. 1948년에 남한만 따로 선거하여 정부를 세우려고 하자, 지식인 108명과 함께 통일 정부를 만들 것을 호소하는 성명에 참여했어요. 차미리사는 남과 북이 하나가 되어야 진

정한 독립이라고 믿었어요.

　1955년 6월 1일, 차미리사는 77세의 나이로 세상을 떠났어요. 떠나는 순간까지 온전한 나라의 독립을 간절히 원했지요.

　차미리사는 세상을 떠난 후 2002년 광복 57주년을 맞아 독립 유공자로 인정받았어요.

전국 순회 강연단은 어떤 강연단이었을까요?

조선여자교육회의 회장 차미리사는 1921년에 조선 최초의 전국 순회 강연단을 조직했어요. 당시 여성들은 집에만 있어야 한다는 사회적인 분위기가 강했어요. 그러나 차미리사는 여성들도 교육을 받고 세상에 나와야 한다고 생각했어요.

차미리사와 전국 순회 강연단은 1921년 7월 5일부터 9월 29일까지 84일 동안 전국 67곳을 돌아다녔어요. 요즘으로 치면 전국 투어 콘서트 같은 거였어요. 하지만 목적은 노래가 아니라 여성들에게 배우고 꿈꿀 권리가 있다고 알려 주는 것이었어요.

전국 순회 강연단은 단순히 딱딱한 강의만 하지 않았

어요. 노래도 부르고, 연극도 하고, 음악회도 열었어요. 교육과 오락을 접목한 종합 콘서트를 100년 전에 이미 기획하여 선보인 거예요.

차미리사는 사람들이 재미있게 강연을 보면서도 중요한 메시지를 받을 수 있도록 했지요. 여성도 남성과 똑같이 교육을 받을 권리가 있고, 사회에 참여할 수 있으며, 남녀 차별은 없어져야 한다고 당당하게 외쳤어요.

하지만 쉽지 않았어요. 일제 강점기라 일본의 감시가 심했고, 교통도 불편하고, 통신도 어려웠어요. 무엇보다 "여자가 무슨 강연을 하냐"는 편견이 많았어요. 그러나 차미리사와 전국 순회 강연단은 포기하지 않고 전국을 돌아다니며 희망의 메시지를 전했어요.

전국 순회 강연단은 한국 여성사에 새로운 장을 연 역사적 사건이었어요. 전국 각지 여성들이 '나도 할 수 있구나!'라고 깨닫게 된 계기가 되었고, 100년이 지난 지금도 그 정신은 덕성여자 중·고등학교와 대학교를 통해 이어지고 있어요.

작가의 말

오래전, 어느 날 아들이 방학 숙제를 하며 물었다.
"엄마, 독립운동가 네 명만 알려 주세요."
"백범 김구, 도마 안중근, 도산 안창호, 윤봉길 의사."
아들이 고개를 갸웃거리며 다시 물었다.
"여성 독립운동가는 없어요?"
"당연히 있지. 유관순 열사…… 그리고 음……."
음, 잠시 쉬었다가 또 음, 음, 음만 여러 번 되뇌었다.
눈동자를 아무리 굴려도 기억나지 않았다. 순간 부끄러운 마음에 핑계를 대며 어물쩍 넘어갔다.
부랴부랴 여성 독립운동가를 찾아보며 아쉬운 마음은

점점 커졌다. 여성 독립운동가의 활약상을 다룬 책, 미디어는 턱없이 부족했기 때문이다. 그렇게 시간이 꽤 흐른 후 뒤늦게 차미리사 선생님을 알게 되었다.

> 살되, 네 생명을 살아라
> 생각하되, 네 생각으로 하여라
> 알되, 네가 깨달아 알아라

100년 전, 이 땅에서 여성들에게 이렇게 당당하게 살라고 외쳤던 사람이 또 있었을까? 차미리사 선생님이 남긴 말씀은 100년을 뛰어넘어 나에게도 큰 울림을 주었다.

특히 요즘 같은 시대에는 더욱 그렇다. 타인의 삶과 비교하며 위축되는 사람들, 남들의 기대에 맞춰 사느라 지친 사람들, 정작 자신이 무엇을 원하는지도 모른 채 하루하루를 버텨 내는 사람들에게 차미리사 선생님의 말씀은 꼭 필요한 처방전처럼 느껴진다.

문득 상상해 본다. 만약 차미리사 선생님이 지금 우리

시대에 계신다면 무엇을 하셨을까? 아마도 여전히 외치고 계실 것 같다. 더 많은 사람이 자신만의 목소리를 낼 수 있도록, 더 많은 사람이 진짜 자신의 삶을 살 수 있도록 말이다.

어쩌면 진정한 독립운동가는 과거에만 있는 것이 아니라 오늘도 자신의 자리에서 굴복하지 않고 살아가는 모든 이들이 바로 차미리사의 정신을 이어 가는 독립운동가라는 생각이 든다.

이여니

참고 자료

- 『차미리사 평전:일제 강점기 여성해방운동의 선구자』, 한상권, 푸른역사
- 『3.1운동 100년, 덕성 100년:근화와 차미리사』, 덕성 100년사 편찬위원회, 민연
- 덕성여자대학교의 차미리사 소개
- 「3.1운동기념 미리사, 운명의 개척자」 KBS 다큐온
- 「나의 독립 영웅 22회」 KBS